Denis Cornacchia

Il sincrotrone dell'anima

Poesie - Acrostici - Aforismi - Haiku
Racconti

Proprietà letteraria
Raccolta di poesie inedite, acrostici,
aforismi, haiku e brevi racconti

Denis Cornacchia
diplomatico@teletu.it

Il sincrotrone dell'anima
© **2011** Denis Cornacchia
ISBN 978-1-4466-2632-0
Prima edizione: marzo 2011
Editore: lulu.com
Tutti i diritti riservati

Comprendo bene che la parola poeta appartiene a quegli autori ormai noti e immortali e come tali hanno l'ammirazione e la stima, oltre che mia, di tutto il mondo letterario.

Nonostante la mia età abbia effettuato il giro di bolina già da un anno ormai, nel 2007 la mia penna inizia a gettare inchiostro su fogli bianchi distratti da libri e giornali quotidiani, fino ad arrivare a leggermi pensieri e parole ispirate dal mistero della vita, quale l'amore e la ricerca di verità che appartengono forse solo all'Universo.

Questo libro tratta la poesia in genere, racconti brevi, poesia nipponica, acrostici e aforismi da me sviluppati

Un ringraziamento particolare va alla mia famiglia che con amore e pazienza ha saputo invogliarmi nello scrivere, e ai miei genitori che mi hanno regalato la vita e che vegliano su tutti noi istante dopo istante.

A mia moglie Oleksandra…
...per sempre

Proemio

Il termine poesia, dal greco *pòiesis*, è etimologicamente connesso al verbo *pôiein*, "fare, creare". Con elegante sobrietà autori di tutto il mondo, di ogni epoca e stile, hanno scolpito su pietra viva con forza e amore, parole, pensieri e riflessioni profonde che testimoniano all'Universo intero la presenza di grandi pensatori, lontano da ogni male e che contribuendo all'evoluzione di molte civiltà, hanno saputo identificarsi in epoche diverse, ma con un fine eguale...rispetto per la vita e per la letteratura come simbolo della storia dell'umanità.
La raccolta di queste mie poesie fornisce semplicemente l'umile passaggio di una persona che ha voluto soltanto imbevere dei fogli di ciò che, secondo me, la mente umana viene influenzata da una certa complicità cosmica. Tuttavia la poesia che afferma l'amore in ogni sua parola, rivela il suo lato opposto in articolate forme empie riscontrate in brani abilmente scritti, descrivendo quel qualcosa che di più orrendo può esistere, ritrovando la poesia nel male stesso. Le poesie sono belle tutte, di autore e di emergente e a fare da garante i tempi moderni dove parallelamente all'evoluzione del progresso, si accetta il mutamento della presunta poesia nuova. Da Omero a Virgilio, da Pascoli a Leopardi, da Ungaretti a Montale, tutti geni della prosa e della poesia che hanno scritto la storia, spero comprenderanno il mio azzardo letterario, che vuol essere un contributo e un omaggio al buon senso e alla buona lettura o che sia almeno di buona compagnia.

Poesie

Vento di morte

Tuoni come sabbia negli occhi
che lacera di dolore
la vista morente.
Sibili assordanti
che inducono
solitudine e morte.
Timori di terrore
che albergano nell'animo spento
della umana vita distrutta.
Verrai da me,
busserai alla mia porta
ed io, indifeso,
ti farò posto nella mia dimora;
ti ascolterò e ti negherò.
Scivolerai lungo le mura del mio corpo
e spazzerai via la spada
dalla mia mano ferita
e sporca del tuo tiepido sangue invisibile.
Porterai lontano
negli infiniti spazi
il mio corpo straziato
da una presenza ormai assente
ma non riuscirai mai a portar via
la cupola imponente
della mia umile reggia... l'anima.

Eco d'amore

*Da quegli echi lontani
dove amore fu,
in quegli attimi di felicità perduta,
fa del pensiero tuo...
un ricordo sereno.
L'amore vero è senza egoismo,
è come aria, sole e buio.
Mai assecondare chi ti ama.
Quello non vero
è come un allucinante ferita
che tormenta la vita
fino a quando l'odio o l'indifferenza
colmeranno il dolore.
Vola amore se avrai ali fatate
e se non puoi donarti
lascia questo cielo infame
e che non ci siano
ne colpevoli ne innocenti.
Amore dell'infinito
solo tu puoi far sognare,
nulla in gabbia potrà mai restare
e nel tuo inconscio
conosci già risposte mutate,
ahimè, dal mistero.
Esalta come facesti
nel tuo cammino antico,
e manifesta ancora la voglia di esserci,
di accarezzare cuori disperati
e coloro che non hanno mai amato.
Che gli angeli ti indichino la via,*

*che tu possa guarire
chi è ormai illuso e morto dentro
e guidi sulle rotaie della lealtà
falsi inganni.
Ti chiedo solo una cosa:
incidi nel platino e nei diamanti
le tue parole,
e falli cadere come pioggia
nei fiumi del rancore
e della paura di perdersi
e sulle grandi cascate
che sprofondano nell'anima
sul cuore sedotto.*

Il tetto del mondo

*Pronto a varcare
la soglia dell'impossibile
affronto il tuo corpo
ripido e glaciale.
Non sospetti altro
che uno scalatore abituale,
ma non conosci la vera ragione
di un traguardo
che vorrei compiere.
E più cerco le tue cime,
più m'intralci il cammino
... perché?
Io non ti odio... anzi,
sei la mia speranza,
l'unica ragione
che ho per ritrovare
la mia vita,
eppur non ti degni di uno sguardo.
Impassibile e silenzioso
sfidi le mie forze
annegate nella stanchezza,
nella rassegnazione.
Son quasi vicino al tuo cuore
ma c'è ancora distanza
per guardarti negli occhi.
Tu che non credi nella paura,
che non temi bufere
ne tenebre,
aiutami ad abbracciare il tuo pensiero
così in alto, da me distante.*

Levati dalla mente
di fermare la mia volontà,
son io il più forte,
tu sei immobile
e non puoi far nulla
Ti prenderò con le mani insanguinate,
scalerò la tua pelle
anche a piedi nudi
e ti inchinerai
nel guardare il mio viso congelato.
Ma dimentichi una cosa, caro monte,
tetto del mondo,
il mio cuore non puoi fermare
e la mia anima ascolterai
quando infilzerò gli arpioni
nell'ultimo sforzo
e conficcherò la spada
dell'amore mio per te
nella tua vetta più celeste.
Finalmente ti guarderò negli occhi
tuoi vuoti
in un intenso silenzio
e ti chiederò con orgoglio:
"Ora puoi anche uccidermi!".

Ultima ora

Se ti accorgerai che stai morendo,
fa in fretta,
rimedia ai tuoi errori.
Prepara la valigia dei ricordi
e non dimenticar nulla
che non possa affrontare il giudizio.
Hai tolto il pane all'uomo
castrando idee e rispetto
di chi fame ha patito.
Frustrazioni e inganni,
a parer mio,
hanno distolto la cognizione tua
noleggiando pensieri in prestito,
celando l'animo vero
di una persona persa
nei tuguri demoniaci
che abbattono sequoie.
Fa in fretta,
la signora nera della mannaia
è prossima nel salutarti.
Cammina lentamente
nei sentieri della memoria
e sorvola con astuzia
i cieli del passato
e lanciati nell'abisso
senza raffreddare
la tua corsa senza fine, ultima ormai.
Incontrerai ragione e verità,
dove sogni e tristezza
scontavano anni di prigione

*forzata dall'incapacità,
pur se razionale,
di guardare oltre l'avidità.
In un contesto più doloroso,
avvertirai il tuo lato peggiore,
quello che della sopravvivenza
ne ha mutato le vesti, ignobilmente.
E lì cadrai nella melma dell'infamia
assaporando scrupoli inconsueti
al tuo parere legale
di una scarsa scuola morale.
Appendi quindi lo scudo
sporco di falso potere
e getta via la spada
insanguinata dal sangue
di anime perse.
Ora sii sereno,
eccola la signora del lugubre sentiero,
ti accompagnerà ai cancelli
del perpetuo Universo
dove l'eternità
non è altro
che verità nel silenzio.
Va dunque e vivi la morte,
ora che sei rinato
dalla tua stessa tomba.*

Se ti ricorderai di me

*Osserva i boschi di rami verdi e secchi
e taci nel silenzio di tramonti
che mutano silenti.
Odora la terra delle sane valli
quando l'aquila volerà
sempre più in alto
e piangi nella gelida pioggia
celata dai venti del nord.
Ubriacati d'amore
se amore verrà
venerazione di un mondo migliore.
Cadrai nei sotterranei della sottomissione
e tornerai a suonar le campane ma,
non un grido
ne gioia irromperanno nel cielo,
perché meditare dovrai
nei tuoi momenti
dove immense pagine chiederan la mano.
Va ora
e se un giorno i tuoi passi
cammineranno lievi e sereni,
sosta un attimo
e osa pure chiedere,
io verrò dal nulla
a ridarti pace e speranza
canterò parole
che scolpiranno amore e forza,
e di libertà vorrò saziarti
per il tuo cuore infranto e pianto di me.*

Ultimo atto

Piove sulle dune delle città perdute,
piove nel cuore di amori
insabbiati dal male,
mille gocce infangate
dalla terra sporca di lava
corrono sui corpi di marciapiedi insanguinati.
Aleggianti anime piangenti
sorvolano il cielo,
incredulo e sperduto
quel cielo
che amava il mondo dell'infinito.
Lo hanno distrutto,
lo hanno denigrato,
era la pace della vita,
ora è solo dolore e morte.
Come uno schernitore,
l'umanità esilia da se stessa,
si confonde
e tace nel ventre della maledizione.
Piove sui monti abbandonati e castigati,
sintomo dell'aggressione materiale,
piove sui mari dell'abbandono,
sintomo di solitudine profonda,
piove sugli occhi della gente ferita,
sintomo di meditazione.
E piove sulla speranza
che un giorno torneranno,
più limpidi e forti
più veri e indelebili

più vasti e sonori
come la lingua universale,
e piove ancora
dai pianti di un bambino innocente,
piove nella rabbia
di chi non vedrà più luce,
rinchiusi nelle grotte della vergogna,
allibiti dalla furia incandescente
della terra che non perdona.
Piove e pioverà ancora,
piove nel cuore dell'anima sconfitta.

Terra amara

Dolce acqua che scorre
su quest'arida terra
spaccata dal fuoco,
dal sole, dal male.
Invadi il suolo dolorante
solo e afflitto,
perché la speranza
riporti speranza,
amore e semplicità.
Tornino i tuoi occhi
a guardar le stelle,
nei cespugli orlati di pianto,
tornino la serenità,
le virtù perdute
per mano dell'uomo egoista.
Torni la sensibilità
a rifiorir alba e vita,
un cuore solo
non ce la farà,
un'anima sola non rimarrà.
Se un fiore tornerà dal nulla,
nulla finirà nell'abisso:
svela il tuo segreto,
terra,
ora che i tuoi occhi,
non ci guardano più.

E' tardi

E' tardi...
quando l'uva cresceva sulla vite
stanca e invecchiata
sotto un sole padrone,
meraviglie e orgoglio
di passioni arcane
pulsavano dalle mille foglie
verdeggianti e pure.
Un raggio di sole accarezzava
la viva corteccia
dell'albero magico,
purché una lacrima
pregasse bellezza
nel sangue della terra.
Non ha creato Dio
l'emozione di una nascita
solo per donarci la fede.
Non un alito di vento
sdegnava la creatura fatale.
Non c'è più tempo
per conoscere il passato
di ciò che fu Re del mondo.
Ne più una goccia passerà
nel fiume del dolore
senza vita, senza amore.
E' tardi per respingere
bufere e tempeste,
è tardi per riflettere
un futuro che non verrà.
Lì dove nasce il vento,

*il vento ritornerà a bere
l'energia del suo domani.
Fatti avanti ultima ora,
è tardi... per morire.*

Il destino del male

*Crudele destino
avrai tu male,
che invadi l'uomo
e non sai parlare.
Torna nelle viscere
del tuo potere
insanguinato e buio.
Lascia lo spirito
dei bambini che piangono,
delle donne malinconiche
e degli uomini dannati.
Il verdetto finale
conosci bene dove dimora,
non sporcare più col sangue
che dell'uomo
fa la potenza.
Quando il tuo stesso male
cadrà su di te
chiederai pace
a chi male hai posto
e pace avrai
perché l'uomo vive
e la morte la tua anima
pretenderà.
E quando amore incontrerai,
scoprirai una lacrima
nei tuoi occhi di ghiaccio
e capirai il male venduto
e beffardo
che solo tu,*

*con maestria,
hai violentato nel pensiero
della vita distrutta.
Ora apri la porta del passaggio
guarda anche dietro di te
e comincia a soffrire.*

Il giorno che tornerà

*Entra inverno coi tuoi giorni gelidi,
dilaga nelle valli
col tuo braccio di ghiaccio.
Entra pure nel cuore del mondo
e affliggi con impeto
il male della solitudine.
Spegnerai bollenti spiriti
e coverai amori
per la bella stagione che verrà.
Bella perché ricopre la vita
col suo tepore,
ma non più di te
che illumini saggezza
e sogni per il tempo che sarà.
Tempri anime e tesori,
forgiando la spada che
desterà vittoria pei sogni nostri
persi nel tempo.
Accudisci nel tuo ventre,
follie e avventure,
nei margini estremi
di sogni incantati,
travolgendo in un lungo letargo pensieri,
purché pillole di vita
che sbocciano
nei cuori addormentati,
nell'alba che nascerà.
La tua potenza glaciale
irrompe sui mostri del male
e mette a morte coloro che osano*

sfidare la vita.
Dacci la tua saggezza,
costringendoci
a meditazione e perseveranza
e regalaci,
nel giorno della verità,
il biglietto per la vita.
Tu inverno maledetto...
tu inverno sapiente.

La fine del passato

*Voci di vita vibrano solerti
nell'aria sconfitta,
da un canto di male
mille ombre buie
osano calpestar
luce e speranza.
Fu il passato
a disegnar gloria e bellezza
fu l'antico
a donarci memorie astrali,
sogni e certezze di un mondo migliore
Che sia l'uomo
a far tacere l'arroganza,
cannoni e morte
troveran la mano,
quella mano
che di se irrompe impetuosa
sugli argini del viale morente,
a prestar vita ultima di speranza.
Guardaron l'orizzonte
tra vento e burrasche,
purché la memoria tutta
rinasceva morente,
nell'attesa che il ventre malato,
di natura vivente rassegnata,
prestasse giustizia per l'imminente addio.
Han distrutto le porte del paradiso,
ora coltiveranno gli antri dell'inferno,
mutamento dell'immagine umana
e sacrificio dell'anima perduta.*

*Voli d'aquila e venti lontani
a ricordo della terra che non c'è più,
e un fiore nascerà sulla tomba dell'uomo
perché il futuro sia padre di se stesso.*

Il risveglio dalla guerra

*Urla strazianti
di silenzi assordanti
che il vento trasporta
fino al cuore
addolorato.
Terra arata dal sangue,
che scivola sgomento
su inutili ragioni.
Come l'ombre
posero lacrime vere,
l'uomo ignaro
cadde nell'avvento.
Così la fine dell'impatto
creò luce e canto,
come schiavo si adotto al bene,
a riverire dispersi e morti.
Niente pace
negli occhi
di chi solo
è rimasto.
Ben tornata
terra amata,
terra abbandonata,
terra di pianto e guerra.
Sei rinata per noi
sei tornata per noi,
che ti abbiamo
deluso
che ti abbiamo
odiato.*

*Ora e sempre,
come lucciole di maggio,
luci e suoni oseran cantare
il risveglio del tuo amore.
Perdona l'uomo
oh terra mia,
terra d'amore e di sventure,
non una mano oserà più
gettare odio sul tuo corpo.*

Il canto dell'aquila

*Si libra nel cielo
e planando fiera e nobile
domina con sobrietà
i propri spazi
e con suprema abilità
si appresta a cacciar la preda
della sopravvivenza.
Elegante,
dalle traiettorie silenziose,
dispone gli artigli
alla risoluzione mortale.
Via, lontano da ambigui antagonisti,
sferra l'assalto al bottino giornaliero.
Sfama i suoi piccoli
e si arresta sulla dimora
a tutela della nidiata.
Vola aquila più in alto che puoi,
descrivici la tua arditezza
e proponi all'occhio dell'uomo
lo splendore dei tuoi fianchi alati,
simbolo della libertà
e gloria degli spazi infiniti.
Oserai un canto,
imporrai silenzio e pace
nelle valli ove regnerai
perché il tuo volo farà di te
dominatrice della solitudine.
Vola aquila
più in alto dei cieli
e canta per sfidare l'abisso*

che il tuo cuor tiranno segrega.
Tu aquila... emblema di saggezza.

Lacrime

Non smise più di suonare quel violino
mai nato e sempre esistito
Che dalla luce di un'alba nuova
scaturì immagini e pensieri.
La pioggia continuò a scendere
e quel lamento si fece più acuto
trasmigrazione dell'anima.
E continua il tempo del destino
ostacolato da percussioni
e lamenti immaginari
di un dolore intimo solo suo
E non smise mai di suonare
quel violino di note incantate
di speranze invane,
trascinando il suono
del delirio d'amore
negli spazi più remoti abbandonati.
Lacerante suono di lacrime e pianti,
ardente nel cuore
e mai spento nell'anima,
non smise mai di suonare,
così nacque un amore
proprio nel finire della sua giovinezza.
E tu passante che poni sguardi
sui viandanti della notte,
illumina le vie
e inebria calore
nella presenza di un amore...
che non c'è più.

L'essenza assente

*Il tempo che passa in fretta
attimi incompiuti senza emozioni
senza violenze d'amore.
Che fulmine d'idee,
imprigionato nella speranza
e poi fugge via,
come pioggia
dalle nuvole
scappa via.
Nella dimora memoriale
tutto si colora di blu
come il cielo
come il mare
e il ritmo sequenziale
irrompe nel suo silenzio,
perché ogni cosa
taccia e si abbandoni.
Dove le stelle
han destato amore,
perché tu... cuore
non batti più,
dove il buio dissolto
nasce per te
il sogno tuo
diventa sterile
e aspetta invano
un nuovo giorno
per un battito...
che non c'è.*

La vita che non c'è

Spirito incolmabile come l'infinito,
scopre nelle sue forme
il riverbero di mondi lontani.
Ha deciso il silenzio
il pensiero costante
che il crudele destino
ingoia assente.
Cara fu l'anima
dei natali antichi
fermi negli sguardi
dell'uomo universale.
Arroganza del tempo
che lontano fugge
irrefrenabile e possente.
Inerme lembo di storia
che della memoria ne albeggia le vesti
di un perpetuo rintocco fatale.
C'è rabbia nel cuore
e un fiume di parole perse
che mentono l'atteso di sempre.
Non più gloria ne azioni e ne virtù,
solo un punto fisso nell'Universo,
il vuoto di se stesso.
E riprende la vita di sempre,
nel bagaglio porta con se
il vuoto incolmabile
che fece dell'uomo
la ragione e il silenzio.

Mai più guerra

Ricorda il tuo passato uomo.
Vite in gioco d'orrore
s'affacciano disperse nell'anima,
crudeltà dell'ignoranza.
Lacrime si ammassano
sconfitte nell'odio di chi non perdona
e il macigno dell'ingiustizia
logora la libertà morente.
Tuoni di bombe
s'inerpicano come scimmie
sui rami urlanti,
idolatria del falso dogma.
Pretender gloria oserai
quando la coscienza usata
dal potere omicida
ti regalerà solo...
un minuto di silenzio.
Sangue e fango
di usignoli e terra amata,
fine di un mondo che fu.
Appaga i tuoi sensi uomo,
respira ancora aria e vento,
ferma l'oppressore
ingoiato dal suo stesso flagello,
preludio mortale.
Un tocco di campana,
lieve pioggia cadente
un solo urlo...
pace!

La mia Africa

*Dannata terra nostra vecchia
che dell'uomo ne fuggi l'odio,
apristi le ali ai padri antichi
che della civiltà, spade e piume
donasti.
Ora lì muta e triste
odi lamenti di bimbi nudi,
dolore e fame nella solitudine.
Dalle spiagge desertiche
la speranza invana
crea mondi e promesse,
mentre sibilline invasioni
rendono fuggiasco
il fantasma dormiente
della vita umana.
Hai occhi per piangere,
succube dell'eccidio
di volti altrui,
facce stanche e demoniache
che invadono suoni e rimpianti.
Osi un grido...
solo lacrime per i sorrisi del mondo
che cullano vizi
e chiudon la porta
al tuo cuor infranto.
Un giorno l'alba nuova
tornerà in giustizia,
e tu Africa amata
oserai un canto
dei tuoi avi*

padroni della civiltà immutata.
Facci un sorriso
e ricordaci... chi sei.

Oro nero

*Nobile e silenzioso
padrone dell'inferno
che nasci dalla terra
e cresci in secoli,
ti sfruttano, ti annientano
in un batter d'occhio,
arroganza refrattaria.
Dalle ombre oscure
il tuo cuore batte
pronto per essere baciato
dall'avidità dell'uomo.
Corpo fluido e nuvole attese
questo il finale universale,
s'intreccia perpetuo
nell'egoismo dell'uccisore.
Presto piogge amare
del tuo sangue versato
popoli e Dei abbatteranno,
perché giustizia sia
nel rammarico
della tua vita perduta.
Veloce l'alba,
orrore e vuoto d'eco,
scruterà tra nebbie del male fondente
e un pianto antico tornerà,
come epilogo dell'umanità.*

L'immortalità

*Misto frac e menti eccelse,
energia vitale
di un mondo
che non s'arrende.
Non manca l'uomo
di debole caratura
dove il ciel si scopre
nella meditazione ignota,
vittoria della semplicità.
E giacciono nel dormiente natio
virtù e coscienza,
affogate dalla brama di vittoria,
non curanti d'amore
di un mondo alla deriva.
Sabbia e acqua
d'impura natura
copriran di sangue
stoltezza e ferimento.
Non rendere più fantasma, uomo,
virtù e umiltà,
come segno
d'intelligente immortalità.*

Amore folle

*Libero come un aliante
attonito e fiero approdo,
nel cuor tuo amante
il degno amor invado.
Specchi infranti
come diamanti a tacere
un unico bisogno
d'acqua sgorgante,
preludio amoroso.
Nuvole grigie singhiozzanti
aspettano invano gli amanti
e torna libellula
lo spirito d'avventura.
Giorno per giorno
languide lancette
come segni perversi
strizzan fuori
lacrime strenue,
mutevoli come il destino.
E passo dopo passo
guerriero dell'amore
suoni di spada
per coprir d'amore,
ardito cuore.*

Gemito di un sogno

*Passi lenti a singhiozzo
un'ombra appare pacata
come fluido striato,
entità sublime.
Uno sguardo nel tunnel del silenzio
una voce, un lamento
e solo silenzio.
Albe nude di foglie antiche
s'alternano a tenebre infuocate
e corron desti pensieri e paure
e ali di gabbiani
dispersi nell'abbandono
sovrastano suoni immortali.
Un tocco all'uscio della vita,
un seme di coscienza
bruciato dal vuoto di una lacrima,
il paradiso attende colui che non c'è.
Il fluttuare della vita
dimora nell'eco della morte astuta,
nell'oceano illuso
di acque del bene.
Torna il pensiero a riscaldar lodato
da chi sognar fece
umanità e spirito
con soglie d'astinenza
gridar udiranno
e angeli e gabbiani...
torneranno.*

Annullamento

*Mille ere di mondo
infiniti di vita.
Sorrisi scagionati
accompagnano
le bellezze della natura.
Fervidi colori possenti
accusano il tacere
delle sabbie immobili,
terra contaminata,
vera sabbia planetaria.
Malfermo il cuore indica
colui che giace nel pentimento,
reduce d'egoismo e vanità,
ah che arrivista incallito!.
L'animo rimpiazzar esclude
traiettorie di civiltà soppresse.
Sebbene l'uso improprio
l'uomo echeggia,
attore di scuole basse,
vittoria di propria sconfitta
onorerà.
Facsimile o prototipo,
ma l'uomo dov'è?*

Messaggio al futuro

*Giacciono nel ventre di città sepolte
dall'odio e dalla pazzia.
Seguono tracce imbevute d'ipocrisia
persone demoni e persone tristi,
un sogno diventato palude.
Sono arrivati da lontano
hanno pianto
hanno creduto
testimoni di luce iridata,
destano ora soventi
tra dubbi e peccato.
L'immortalità invocata
degna d'umanità perduta
scolpita su roccia
riflessa nel vuoto
e umile solo dinnanzi
al silenzio dell'eterno.
Quali padri osarono profanare
quali padri sconfissero il verbo,
deviazione di menti illuse.
A conclamare l'iride
decisero i tempi acerbi di scienza
ora cadono e rimangono senza gambe.
Sono essi uomini del sapere,
eruditi filosofi
che del genere umano
han tolto l'etichetta,
prostrando salici imponenti
in scialbe sciabole
d'un tempo re.*

*Sangue violentato
da emissari di vera fede,
fiumi e laghi colmerà
d'impotenti increduli uomini .
Se il giorno cambierà
nuova cometa apparirà,
e dotti e maghi
di falce periranno,
che in un Dio han creduto
e un Dio han deriso,
sconfitta della ricchezza.
Solo immagini refrattarie
rimarran da schermo,
nell'indelebile memoria
dell'uomo distrutto.*

Potenza d'amore

Guarda, l'uscio del tempo,
sapori di cuore si sciolgono
nell'atrio della tua memoria,
tempio dei ricordi.
Spiragli di luce
salgono a riscaldar il cuore,
che di me fece
la gioia del tuo amore.
Sentimento conforme
o libera follia innocente?
Ma il cielo è uno,
non annega rimpianti
non desta rancore
non viola l'attimo,
sceglie con se
l'omologazione
dell'eternità,
ridondanza d'amplesso.
Come un fiore
donasti candore e semplicità,
come un fiume
irrompesti nell'antro
del mio cuor timido,
ragione sperduta
invisibile ma accecante.
E abbandonato amor mio
fugace e lesto
scelsi la luce
che di stelle adorna
il suono del mio cammino.

*Mai solo, mai fermo
il mio cuor per te
una stella
dedicherà,
addio... per mai
fanciulla d'emozioni,
fata dell'eden di colori invisibili
che sproni l'idee del pensiero
che vaghi nella notte
di suoni e di parole,
rendi silente e magico
l'amore per sempre.*

Amore

Quando immagine diventi
nel cuore piccolo
tuo inerme,
di passione, di amore,
sulla vetta delle stelle
cadono luci intense,
echeggiante sentimento.
Come onde oceaniche
esorti candore e forza,
nel dipinto nudo
crei lime sonore
di un deserto nel silenzio.
Aquila imponente
e fuoco ardente
senza fiamme,
riflettono il mondo
di faraoni amanti,
di regine angosciate,
di pensieri fluidi
e parole sussurrate
su pietre immortali.
Una stella illuminata
cade violenta
perché l'amore nel cuore...
bussa impetuoso.
E' l'alba dell'addio
è tramonto nascente
del canto innamorato.

Ritorno

Come sillabe e sabbia,
a tratti insanguina,
la lacrima imprudente
sui fogli bianchi
dell'eterno viaggiare.
Frutti sospesi
ingannano l'uomo
dal gusto perverso;
e le nubi scivolano sul tempo
di un modesto spazio
nell'Universo fecondo.
Non una lacrima
sul volto stellare
cadrà nell'inganno
del demone velato.
E il sole d'addio
fuggirà il tiranno
che un giorno gravò
nelle valli del cuore.

Soste spirituali

*Rintocco dell'ora soffusa
dal tempo, dal silenzio.
Quieti rumori s'identificano
nell'imperturbabile legge
della natura stanca.
Odo voci assenti
di figure cancellate,
sogno o veglia remota.
Son simili ai fantasmi,
onde ritratte e suoni d'angeli
colpir pretendono
l'anima mia.
Semmai l'azzurro tornerà,
nebbia e fuoco
cadran nell'oblio
di chi osò pianto
di lacrime sui monti
di chi eco ne visse.
E torna il buio
a ornare la mia presenza,
stanco di un giorno vissuto,
di guerra, di pace,
pretendo il balzo di qualità.
E tu voce divina, luce incantata
dal mio pensiero assordante,
colma il mio sogno
nel passaggio al silenzio.*

C'era un mondo

*Viali ingialliti dal tempo
tepore perduto
nel passato di domani,
incoerenti stagioni .
Sale la brezza
desertica inumana
che pone silenzio
sul viso dell'uomo,
a scalfire le rocce
di un mondo da rifare.
Si apron le porte
sulle vene
di fiumi in pianto
di mari appassiti,
sulle nevi di cemento
di un'era antica.
Il giorno risale
e tu Terra,
dove sei...*

Il non mortale

*Un plauso eloquente
elogia colori e presenze
nel bisbiglio assente
di gorgogli promiscui,
note di musica intenzionale.
Fantasmi lacrimosi
che dell'uomo l'immagine presta,
e cader resta
l'antico bastimento,
civiltà remote
variopinte si,
ma il sangue fu sete
di chi ribellione rese.
Caos crudele e sparviero
s'infrange nell'onda
perplessa e di moda,
di un uomo chiamato vile.
Attori di antichi altari,
protagonisti mortali
di un mondo immortale,
mentre vita e morte
pari s'offron la mano,
in questo teatro
mai allestito,
della vita sperata e non amata.*

Speranza

*Mentisci e proponi
nello specchio iridescente
virtù elencate sempre verdi.
Pensieri coagulati di miele
s'appropriano di sale,
vendetta spirituale
del bene sul male.
Come l'onde del cielo
s'infrangono
sui nembi conditi
d'odio e d'amore,
così il cuore del lupo
sorregge il pianto
di evidente soggezione.
Spia pure,
sarcasmo enfatico,
fanatico e disprezzevole,
che inganni
che uccidi
che rinasci.
E apprezzar rimane
il finale misurato
della speranza
senza tempo.*

La forza dell'amore

*Son le lacrime senza pianto,
dolori nei fiumi impazziti
di angosce, di rimpianti,
è la lava ribollente,
forza dell'amore.
Risuona nei tempi antichi
si veste di umiltà
grande gladiatore del silenzio.
Non è la terra arata
a dar vita alla vita,
non s'infanga di potere
la luce della verità.
Inesistente e impercettibile
osa scalare i monti del buon senso,
e steli titanici
sorreggon vogliono
potere e vittoria,
perché amore sia
non solo scritto
in pagine accantonate
dell'uomo distratto.
Leggi ancora
cuore tiranno,
le madri ribelli
son pur rose nell'anima*

Compleanno del tempo

Mille anni e ancora
mille secoli e ancora,
ere di un tempo indelebile
che scorre
nel pensiero dell'uomo,
infrangibile sul marmo degli dei.
Corpo celeste
e spirito tuonante
in viaggio sequenziale
nello spazio siderale.
Incontro di tempi
cancellati dall'assenze.
Buon anno all'uomo,
buona era all'universo,
dove l'inizio
la fine prenderà per mano,
perché odio e amore
il guscio della giustezza
apriranno in fondo alla ragione.
Quale tempo apparirà,
nostalgie o speranze?

Zona attiva

*Come corre l'immaginazione,
esplora e ritorna a noi,
unico vettore universale
di potenza illimitata
e sublime ispirazione.
Si nutre d'idilliaco
e come musica
invade silenzi
con armonia
e mille domande.
Come un fiume in piena
irrompe nel deserto
di memorie antiche.
E ritorna sempre a noi,
torna a far domande.
Sulle ali dello spirito
si unisce al cosmo
e un grido di speranza
lo cerca invano.
Nell'annullamento,
nella presenza universale,
nell'infausto ingannatore,
nel silenzio espressivo
accusato da un timbro tangibile,
il pensiero si perde
come nome di se stesso,
per ritrovare me stesso.*

Il me Universo

*Venti catturati
nel turbine incerto
del concetto universale.
Scopro e provo,
indago e fuggo.
Paura o certezza,
assioma mutevole
che s'immerge,
che riemerge,
violenza d'impatto,
incontro di luce nel buio.
Semmai fosse caos
sui dirupi eccellenti
della mia energia pulsante,
non una goccia
giustificherà la presenza mia,
che di certo è nel dubbio.
E cerco ancora...
chissà dove!*

Stella morente

Stella pulsar
che di pianto taci
sulle nubi sconfinate
del male e del bene,
un pensiero.
Riversi amore
sulle colline fantasma
di un mondo plasmato,
spirito della materia.
In ginocchio protrai
vendemmie di luci nuove
e il santo Re dell'Universo
invochi con ardore,
gioco del destino
di forme, di suoni.
Di bellezza vanti millenni di storia,
di terrore la tua inospitalità,
Quale puro osservatore
leggerebbe il tuo volto,
semmai giungesse al tuo cospetto.
Ma giaci e taci,
io aspetto
il tuo non ritorno,
ora che la luce tua vedo,
già morta nei secoli.
Il tuo silenzio
come volo di farfalla,
velluta e rifugia
amore e passione,
il brillio ardente

*del tuo cuore morente
son parole di memoria,
e ora... dillo ancora!*

Stella nascente

Nasce dal buio dei tempi
e tutto intorno
sembra già esistere
da sempre
e solo ora s'accorge
la fulgida immagine di se.
Nell'immane delirio
il suo cuore ambito
irrompe nel futuro,
cresce la vita.
Di se, per se,
e tutto ritorna nel pianto
per riemergere
da oceani silenti
sulle vette di luce.
Implora orgoglio
si dimena avversa
alla ricerca dell'oblio,
e scuote l'impegno
per un tuffo nel cosmo.

Materializzazione

Eterno questo sempre dire,
eterno il tutto da sentire,
l'attimo di materia
emerge dal nulla,
confinato nel futuro
nel pensiero rinato
di chi l'alba mai vide,
ma sempre sperato.
Chi ha veduto,
chi oserebbe,
chi... nasce.
Nell'aiuole astrali
le radici planetarie
regalano un avvento,
perché un nuovo mondo
sia dono universale,
ricorrenza immortale
di recupero cosmico.
Sui viali bagnati di stelle
ombre e suoni
modellano il celestiale,
presenza indelebile
di un corpo universale...
aspettando altro.

Io...vita

Scrutare il volto della coscienza
statica nel riflesso del dubbio,
indolore nel futuro ambizioso.

E guardo me allibito
cercando l'uscio
del labirinto spento
senza buio
senza suoni.

Un fiume vuoto
scorre sul ritratto
del suo ardire
e aspetta
e indaga.

Semmai fosse l'anima
a chieder appello
a configurare la vita
a spronare oceani obesi
dalla stanca abitudine del poi,
taciturno sarebbe il giudizio,
impostazione del cuore nascente.

E si allaga la memoria
di villaggi inesplorati
avvincenti di speranza,
comuni all'umanità.

E sorge il tramonto dell'alba

*nuova luce per nuova vita,
si accende la verità
e tu rifletti
come goccia d'arcobaleno.*

*Nel suono vibrante
come l'oscillare lusinghiero
tra moti e pensieri
l'esistenza va
nell'identità di se.*

*Si perde nel complesso
nella migrazione spirituale
nel tempo riservato
di un nome già letto.*

*E torna la vita
nell'identità remota
del ginepraio astrale,
la guardo e mi riconosco.*

Tormento

Giochi d'ombre
sulle cime
limate dal vento,
invoco luce seppure viva,
scuotente apparizione
Giocava, l'azzardo divino,
nei dirupi imbottiti di male,
a scagliar preghiere
sui sassi della ragione
dei viali appassiti di passi.
Cantavano merlati d'argento
anime di cemento
e crete ingiallite
disperse nelle tasche del delirio
di un male inconfondibile.
Ora e sempre
pargoli sibillini in pianto
sgomento impongono
sui sentieri dell'universalità,
proponimento sinfonico
di voci mistiche in solitudine.
Perché invano il male percosse
fluido e fiamme incespicati
nella ragione morbosa
dei tiranni abbattuti
da venti cosmici,
guerrieri del bene.
E vedo te Dio dei mondi
che abbracci le arcane colonne
di questo mio mondo

salvato lontano da me.

La valle del pensiero

Dalle scale del cielo
uno sguardo di sguardi
questi occhi rivolti a te,
punto d'incontro umano.
Trasmetti acqua da bere
per i tuoi occhi bui,
perché non si scandisca
l'immagine di te.
Voli senz'ali
sulla ghiaia del destino
e irrompi silente
nel cuore ardente.
Taci sulle tinte del dubbio,
affoghi nei boschi tumultuosi
sperando l'esilio
in quel di paradiso.
Sei assente
hai il vuoto
nelle tasche bucate della ragione,
e freni l'impeto
dell'inerme sagacia
stanca e sconfitta.
Irrefrenabile audacia,
spavaldo
inesorabile
nel breve istante
di secoli infiniti,
torni a me
per spiarmi l'anima.
Ma il tutto è compiuto

e godi di leggiadra ironia
a danno del nulla
per voltarti indietro
a leccar le tue orme infinite
sul sipario di gesti
e ben fatto.
Mentre buoi e aratri
scrollano zolle di muri imbattuti
con lucido impegno
secerni ambita sorte
sugli echi del poi,
fletti e rifletti
e spingi i remi
sui venti primordiali,
sulle vele del futuro.
Ricordati chi sei
semmai nel tempo,
piccolo mio
eterno di te.

Il mulino Marte

*Ciclopico e imponente
quel mausoleo sulla collina più alta,
soleggiato di luce divina
pacato e stanco
aspettava i pargoli della valle del canto.
Saggio farinoso e sincero
dalle ali maestre porgi
speranze e vita
e giochi innocenti.
Solita abitudine di fanciulli
di rado e sempre
giacevano inerti sul suo corpo
con occhi di falco a frugar
tra nuvole e stelle
il bisogno di un mondo
lontano nel tempo.
Soffiate sul cielo disse agli innocenti
di candore stupore, felini nell'animo,
osate oltre e abbiate paura
e che il coraggio arrivi
al traguardo dell'immaginazione.
Di potere e d'incanto dalla volta celestiale
il dio rosso vi porgerà la mano
e di sogni perduti ne regalerà mille.
Cercate nel cuore oh fanciulli fatati
e viaggiate nel tempo della bellezza astrale.
E torna il vento sulla mia faccia invecchiata
a spronar le ali per una pane ancora,
restate con me o figli dell'uomo,
promesse e amicizia son dunque costoro.*

*Oh Marte, di giochi infiniti
c'illudi, ci vizi, ci ami
nell'oltre noi cadiamo con te padrone,
ma audaci noi mai, non piangere ormai
...noi siamo bambini.*

La sfera buia

Ah questa vita appagata
questa vita da meritare,
mestiere nel mestiere.
Osi un canto di libertà
a pregar libertà di te.
E sai che il passo è breve
se attenzione non si ha
della propria incolumità.
Non una vittima
mai più,
sul lembo dello scrittoio
invoco pietà
a chi osa rubar
chi amar vorrà.
Insidie e ombre
son pure nei sogni,
ma no a limitar
il core battente
per l'uomo avido
del futuro nascente.
E percossi,
l'anima e il suo amore
ritornano nei sogni
dove vita è pur più vera,
e non consumata
dall'asfalto reale.
Sii degno uomo
sii capace e osservatore,
sii presente
quando un bimbo

*lacrime soffrirà
per te padre
rubato dal mondo infame.*

E' già domani

*Ammaliata alba
di lingotti nuvolosi
disposta a castrar
notte funesta,
augurio non fosse
che solito inganno.
Il vento urla
fugace e lesto
nelle membra dell'ozio
imbrigliato di fango,
a partorir novella
pel giorno nascente,
rintocco del futuro.
A breve l'abbaglio
sulle ali dell'anima
saggia e pacata
di luce vitale,
s'apprestan puri
pensieri e parole,
dono immortale.
Sono anch'io nuovo in te...
oh giorno nuovo in me.*

Deserto nel silenzio

Come rami increspati
sogni e riflessi
si mescolano
con la realtà,
e scopro la solitudine
in un cammino senza fine.
Scavo nel vuoto che non c'è
cerco speranze
e mani tese
e trovo silenzi assordanti
che metton fine
alle paure.
Indago,
interrogo la mente
e mi ritrovo solo
nel deserto del mio silenzio.
Fede e coraggio
guidano l'esplorare
d'infiniti mondi
senza tempo
e invano mi appello
alla clemenza dell'Universo.
Come riverbero astratto
il vento della solitudine
parla
nel mio cuore incolto
scoprendo desolazione e pianto.

Il pozzo

Dall'altezza
della sua profondità
giace nell'occhio della terra,
sottili fronde a occultar l'adito
al tramonto suo perduto.
Inarrestabile sito
d'acque vere e pache
che di un bene
s'onorano anime e santi.
Il fruscio anelante
del varco possente,
motivo d'orgoglio planetario.
S'avvince della casta oscurità
che il demone
artigli e presa non avrà
pel degno nome
del cuor fluido
scolpirà.
Immane abisso
di pensieri e vita
che dona parola
a culti antichi,
e seme e speranze
d'importante vitalità
udiran sibili
di linfa scorrere.

Parole

*Forse l'inaspettato carme
illude il venerato mondo
che di rosso tramonto giace
nell'ampia razza umana*

*Forse un orizzonte fosco
a estrar plasma dalla coscienza,
su convogli privi di binari
abbaton vele di farfalla.*

*Forse in guerra o in pace
la folgore ansante sprona
il sisma sovente invisibile,
l'alterco labirinto .*

*Forse su scogli scolpiti
il tenebroso perpetuo
a testimoniar l'inganno
d'inchiostro indelebile.*

*Forse amore e pace
son binari in oasi
e il bene consente
solidarietà vincente*

La collina e il lupo

*Imponente maestà alberata
che fendi nubi e spazi
a toccar cielo coll'elmo tuo
ignori la beffa che il demone incute.*

*Se pioggia e freddo
il tuo corpo ardisce
ignara notte
la luna intuisce.*

*Suoni selvaggi e delicati sospiri
dal nobile canto
del suo cuor impavido,
soffio dell'anima.*

*Genuini albori
di terra natia
l'istante visse
il tuo cuor devoto*

*e mai si spense
quel fuoco di giungla
che la casa del pianto
custodì in eterno.*

Oh Patria

Illustre popolo d'arcaica storia
d'eroi e fronde e fusti secolari
a incalzar la gloria
che degli avi le loro ali posero.

Oh patria divina
sul volo di mille libellule
portasti pace a edificar dimore
e suggellar bandiera nel core.

Quanto sangue esperto
per un tutt'uno con amore,
filosofi e scrittori
scolpiron muse e ardore.

Se un canto d'aquile
il vento porta a noi
saggezza e orgoglio...
ricorderan chi siamo

L'inspiegabile

*Come orologi
dal tempo di marmo
sulle selle dell'abisso
angeli e demoni irrompono.*

*Incontri d'avvoltoi
nei teatri spalmati
di odio e rancore,
osano condannare.*

*Chi altri appariran
se non dei e maghi,
o a ricercar anime
si pur furenti,
un Dio solo loderan.*

*Fantasmi stampati
sui viali disarcionati
dal pensiero oscuro,
elite memoriale.*

*Ora è bando
di linee e di forme,
sia per sempre unica via
la ragione dell'essere.*

Cirro

Ecco le alte lane tosate
come fulgide pecorelle
inebriano la tela celestiale
confondono l'uomo e il suo pensiero.

Come rose nel cielo azzurro
messaggere d'immutato vigore
definiscono tramonti arcani
piogge e fini temporali.

Chiari cristalli nella volta celeste
abdicano al loro erede
chiarore e sinfonia di luci
serenità di suoni e buon umore.

E' la volta dell'immenso
imperscrutabile sibilo
di trasparenza
di veemenza celestiale.

Torneran più vive tutte insieme
ad inneggiar dei e prati verdi
per unirsi ai saggi antichi
di arcana dimensione.

Il male

Un male immenso
scorre come ruggine
graffiando il cuore
immerso nel bene selvaggio.

Atomi nascenti occlusi
in discariche segrete
fan raccolta di sogni rubati,
ciberspazio tiranno.

Era sui monti
l'ululato spirito animale
che ornava le notti grigie
sui passi dell'uomo stanco.

L'hanno illuso
ora è cenere
nell'acqua bollente,
oltraggio all'anima.

C'eran ricordi
nelle stive d'energia,
passati tuonanti
e divine innovazioni.

Ma il tempo fugge
è chiaro l'andamento,
son io che non esisto
tra ruderi e inferno.

Pari al demone ridente
si dimena l'astratta manipolazione,
pur ignorar lo sguardo
di volti abbandonati.

Cortesia e benessere
di dottrina umana
son paradosso di falsa energia,
e tira vento su vele insanguinate.

Dove sono gli angeli
le fiabe e il pane cotto,
siamo vita
non bestie al mattatoio.

Vorrei dire: c'ero anch'io,
scavalco e passo
sul suolo antico e arcano,
e il bene sia tra le mani urlanti.

Il non nulla

*Quest'immagine di riflesso
che investe i senza senso,
dal lugubre imbroglio
al pietoso inganno.*

*Si veste di gloria oceanica
affida all'uomo
ragionevoli dubbi,
speranze e riflessioni.*

*Nel viaggio del mai
ci sentiamo nati,
traiettorie di buio nella luce
perché il natio sia celato.*

*Ma fugge il ritratto di noi
coi venti urlanti
sulle vele di paure invisibili,
rifiuto dell'abisso.*

*Silenzi assordanti
e pensieri invisibili,
oltre la lingua universale
con melodie colorate di vuoto.*

*Così tornan l'albe
a portar novella,
perché sia il gemito di bimbo
il suono del silenzio... oltre l'amore.*

La formica

*Livellando forze e suoni
giorno dopo giorno
trasmetti onde di virtù
proletaria del reame.*

*Calpesti l'erba dell'uomo
e taci al suo vento di terrore.
Minatore di stagione
temi l'acqua al passo.*

*Architetto di ventura
giaci nel silenzio del tuo mormorio
t'apri strada con l'antenne
che di politica non fan nulla,*

*Pendii e burroni son pericolo col fiato
e se pioggia pioverà
sotto foglia in ferie andrai,
di sicuro solo il tuo nido varcherai.*

*E scindi le ragioni di vita
per un gusto sconosciuto
dei tuoi mondi laterali,
destino crudele.*

*L'atrio del tuo potere
sconfina nel mistero
e il tuo tramonto,
come lucciole di maggio.*

Auschwitz

*Lento il fato tiranno
come un avvoltoio
recise il flusso vitale
in nome dell'uomo.*

*Buio sepolcro sconfitto,
assetato di dolore
e di fantasmi ignari,
chi li ascoltava?*

*Quali dei e demoni
han corrotto lo sguardo
strumento d'ipocrisia,
l'occulto nel potere.*

*Ora sono angeli
e con lacrime di pioggia
vivono ancora in noi
nelle vie della ragione.*

*E giurano perdono
sull'emorragie razziali,
seminando amore
sul male nemico.*

Acrostici

Il filo conduttore

*Infinite allusioni arcane
lodate fra cori e suoni
fuggon crespe eterne
intonate di giustizia.
L'assedio dell'anima
ossessione desta
col cuor infranto
oliando l'impatto.
Non c'è luce promiscua
di saga eroica
ustionata dal fuoco
tra idee el compiuto.
Tardi o presto
onore e pace
rubar vorranno
emblemi e mito.*

FIAT

*Fu grande
in tanti consensi
adesso rimane
tormentato l'uomo.*

Italia

Intorno l'alone di gloria
tra eroi e anime dannate
alberga il sogno che traspare
lungo i viali dell'onore,
Italia nostra con ardore
al confine della vita.

Guerra

Gonfia come fulmine
urta la collera degli dei
e sprofonda nel dubbio
rinnegato dal tiranno,
rafforza il male ingannatore
alterca l'uomo ignorante per potere.

Famiglia

Fantastica la vita immortale
assetata di luce e di ragione
mistica e audace madre fa l'unione
in quel di figlio che il padre dona.
Grembo divino
lodato dal Dio di tutti
insegna amore e civiltà,
al futuro l'uomo pregherà.

Poesia

Polvere di stelle
osan ispirar il core
e grazia divina impone
stile, forza e arcanità.
Insigne e palustre immagine
a cantar d'amore e vita ancora.

Aforismi

Ogni istante di un giorno nuovo è un pezzo di storia scritta nel futuro.

Si trovano più colori nella musica che nell'iride.

Sotto le foglie d'autunno, non piove mai.

Beati gli ignoranti che godono la pace, lontano dal sistema intelligente.

Al muto manca un senso come all'oca muta la parola.

Il pensiero vale meno dell'oro, ce n'è a iosa.

Il germe del male nasce dove ne muore un altro, lontano dall'orto del bene.

L'inutile pensiero sommerge il tempo nel vuoto assoluto.

La speranza è come un grattacielo…tra le nuvole.

Un frutto frutta la salute.

La sapienza è come il mare, ogni sua goccia rende sagge le nuvole.

Il meteopatico sta al tempo, come l'inchiostro cancellabile sta sulla carta bagnata.

Una lacuna spesso è come una pozzanghera senz'acqua, quest'ultima è stata assorbita e poi dimenticata.

Spesso la ricerca è come la mosca cieca, si va a tastoni prima di indovinare l'obiettivo, pur conoscendone spazio e possibilità.

Haiku

Tempesta buia
lampo tuonante
bolle d'acqua

Orrore nero
paura tenebrosa
morte immane

Luna nera
eclisse planetario
triste presagio

Era remota
storia senza remore
futuro paco

Nave al largo
nebbia senza uscita
disgrazia certa

Valle fiorita
ballata di colori
cuori sereni

Vento di morte
atomiche armate
futuro nullo

Foglie cadenti
migrano limicoli
paludi fredde

Versi gloriosi
pensieri indagano
venti di pace

Racconti
Brevi

Questo racconto narra una storia realmente accaduta dove nomi di cose, luoghi e persone, date sono stati sostituiti per rispetto della privacy.

Presenze

Milano, inverno del 1950, da poco uscita indenne dalla guerra finita nel '45 a parte qualche bombardamento aereo sulla zona industriale. Città caotica e fantasma sotto la fitta nebbia che l'avvolgeva per tutta la stagione fredda e nonostante la scarsa visibilità, i residenti sembrava fossero a loro agio nel circolare indifferenti di quel muro frustrante che pressava la sua presenza con maestoso impatto non solo fisico. In periferia, a ridosso della città, tra la zona industriale e le campagne limitrofe, una piccola borgata dal nome arcano, Fairate, con poche centinaia di abitanti contadini che la domenica si riunivano nella piccola chiesa di San Damiano per partecipare alla messa celebrata da un vecchio sacerdote dei monti trentini, don Pasqualino, rimasto in città alla fine della guerra per accudire i malati e le anime abbandonate, trasferito nella chiesetta del borgo per propria volontà. Come tutte le domeniche, don Pasqualino si svegliava presto per preparare la funzione delle sette, era lesto nella colazione e rimaneva a pregare davanti l'altare almeno un'ora prima della messa.
Ore sette del mattino di un giorno piovoso, fu così che ebbe inizio la sacra funzione fra decine di bisbigli, echi di tosse repressa e gemito di bimbi, il tutto in una lieve foschia d'incenso e canti d'organo. Dopo la benedizione il prete richiamò i suoi fedeli all'attenzione:

«Miei cari, domani inizieranno i lavori per la costruzione di una scuola media attigua alla chiesa, spero nella vostra partecipazione alla posa della prima pietra.» Due anni dopo, inverno del 1952, la scuola ormai ben avviata si avvaleva dei migliori insegnanti lombardi, tutti provenienti dall'Università di Milano. Roberto di Roma, l'unico segretario con i suoi quattro applicati di segreteria, gestivano la delicata amministrazione dell'Istituto. Il preside della scuola, Ludovico, abitava dall'altra parte della piazza, proprio di fronte la chiesa, era solito di sera affacciarsi al balcone per controllare dall'alto della sua abitazione la scuola dove spesso notava, anche a tarda sera, la luce nell'ufficio di segreteria dove Roberto, instancabile lavoratore, continuava a lavorare per migliorare la funzionalità di una scuola neo nata Una sera, ore 23.00, Roberto con la sua bicicletta si diresse a lavoro e come sua abitudine, lasciando il mezzo ruotato accanto il portone dell'istituto e dopo averlo chiuso, si recò nell'ufficio di segreteria, per restarci fino alle 24.00. Fuori pioveva a scroscio e ignaro di cosa sarebbe accaduto in quel momento, Roberto continuò a lavorare assorto. Ore 23.15, tra calcoli stilati in fretta e deduzioni logiche di gestione, un rumore di passi cadenzati interruppe l'ambito silenzio sperato. I passi divennero più nitidi e sonori quando all'improvviso si arrestarono prima dell'entrata dell'ufficio. Roberto ignorando di aver chiuso il portone principale, esclamò: «Avanti, chi è?!» Preso dal lavoro, continuò nel suo intento. Fuori, la pioggia batteva sonante coprendo rumori di strada e creandone altri che simulavano di ben conosciuti, così Roberto non diede peso a ciò che realmente accadeva. Pioveva, pioveva a iosa, tuonava il cielo e la terra sembrava spaccarsi, ma non intaccava il lavoro che con destrezza il segretario abilmente svolgeva. L'uomo quasi automa, si girò verso la porta, come una premo-

nizione, e quei passi ricominciarono il loro cammino, ma questa volta dall'altro lato della porta, verso il buio corridoio fino alle scale che portavano al primo piano dove c'erano localizzate le aule. Imperterrito e per nulla spaventato Roberto riprese di lena a lavorare mentre la pioggia si celava ormai tra calcoli a mente e il rumore della vecchia calcolatrice a bobina. Passò circa un'ora e il lavoro ben fatto volgeva al termine, quando...un lungo e stonato rumore percorse l'area del primo piano, come il frastuono di un fulmine appena caduto nelle vicinanze. Allarmato Roberto iniziò a sistemare cartelle su cartelle nell'archivio dell'ufficio, e fu così che quei famosi passi, compagni d'avventura, ripresero il cammino, ma questa volta diretti verso l'uscita.
Leggermente spaventato, Roberto spense la luce dell'ufficio e proseguì verso l'uscita, ma a un passo dal grande portone si fermò attonito e pensieroso, gli venne in mente di aver chiuso dietro di se già al suo arrivo il portone della scuola. Nonostante le stranezze vissute, riprese la bicicletta accuratamente riposta sotto un riparo e col tempo ormai rimesso, tornò a casa con serenità fischiettando, forse anche per scrollarsi via di dosso la presunta paura nascosta. L'indomani a scuola, il preside Ludovico, scese dalla presidenza sita al primo piano e si diresse in segreteria per parlare col suo segretario: «Buongiorno Roberto, hai un minuto?» Con cordiale abitudine l'uomo della segreteria rispose: «Buongiorno preside, prego si accomodi, ordino il caffè.» «Si grazie, un buon caffè ci vuole proprio.», acconsentendo col capo, continuando: «Questa mattina ho aperto io la scuola e ho trovato una sconvolgente sorpresa.» In tutta risposta Roberto...: «Cos'è successo?!» Sebbene fosse spaventato, il preside rimase fermo nella propria dignità: «Ieri, quando hai lasciato la scuola, hai notato delle irregolarità o sentito strani rumori?» « Questa mattina ho trova-

to le luci accese in tutto l'Istituto, i banchi capovolti e le sedie buttate nei corridoi.» Ludovico continuò a parlare turbato, mentre nella testa di Roberto ritornavano celeri quei momenti straniati. Dopo un lungo dialogo, Roberto raccontò tutto l'accaduto della sera precedente e il caso anomalo finì nel dimenticatoio e nel mistero insoluto. Cinquantatre anni dopo nel 2005 viene abbattuto l'edificio scolastico dichiarato inagibile, la chiesetta invece gode dell'indistruttibilità. Nell'effettuare il recupero delle macerie, la benna di uno scavatore urtò una vecchia botola di pietra dove sotto la stessa correva la linea idrica fuori uso. Rimossa la botola in pietra, oltre all'individuare la vecchia linea idrica, vennero in superficie alcuni oggetti delle forze armate, come gavette, baionette e vestiario ormai alterato ma riconoscibile e materiale antico. Ordinarono di allargare lo scavo prima di avvisare l'ente di competenza, di sicuro gli oggetti militari avevano colpito i curiosi, e sorpresa fu. Dopo aver allargato il fosso di qualche metro e scesi in profondità con lo scavatore, emerse con sorpresa di tutti i presenti una jeep militare tedesca con due scheletri in divisa.

I figli di Roberto presenti per caso alla scoperta, collegarono l'evento al racconto del padre di tanti anni prima e lo collegarono al grande mistero, finalmente risolto. Una scuola costruita su soldati caduti in guerra, di certo non volutamente, ma causando l'irritabilità di anime imprigionate che oggi riposano in pace in un cimitero vicino Milano.

Questo racconto narra una storia interamente inventata. I nomi di cose, persone, date, analogie con fatti e luoghi, sono puramente casuali.

I racconti del faro

Dover, inverno del 1938, grandi onde s'infrangono sulle bianche e altissime scogliere che difendono la terra dell'uomo dai violenti attacchi di Poseidone (deo cattivo del mare). Su di esse s'innalza imponente il custode dei mari, un colosso di 100 metri soprannominato "Casa del mare". Il faro della concordia, della salvezza, sempre lì a scrutare i mari del mondo con la sua luce che dona conforto ai navigatori sapienti e principianti. Possente e silenzioso col suo sole notturno, vide sciagure, avarie di enormi bastimenti, gente morire, alluvioni e venti che superavano i suoni soliti della natura. Il faro, era all'oscuro di un'imminente guerra, rimanendo così silenzioso e sereno, audace e grintoso nell'ospitare i padroni di mare e di terra. Jacob il guardiano del faro, andava orgoglioso di quel colosso per lui fratello di sempre.. Giovane e robusto, coraggioso e un cuore pieno di bontà, saliva tutte le notti le scale infinite del suo amico eterno. Col lanternino a petrolio e lo sguardo sempre rivolto in su, il guardiano, passo dopo passo, appoggiandosi sul corrimano della ringhiera di vecchio legno stagionato dell'immensa scala, pensieroso ed angosciato dalle notizie di un eventuale guerra, stentò a salire. Come tutte le notti alla stessa ora, fermandosi a tratti pregando Dio e, avvolto dal

dubbio del futuro, riprese l'erta via, assente dal presente e presente nei suoi sogni nostalgici di un tempo lontano che portò via la sua donna una mattina di ottobre...
Periferia di Londra dicembre del 1920, inverno gelido e poco ospitale dove un giovane di nome Jacob MacEnry di famiglia scozzese, figlio di Gregory MacEnry, noto e stimato medico chirurgo, e di Caroline Smith insegnante molto conosciuta nella vita mondana cittadina, sognava di diventare navigatore degli oceani, sogno coltivato già da giovane età, anche se gli studi frequentati avevano fatto di lui un esperto ed apprezzatissimo musicista; dall'orchestra di paese al conservatorio fino a dirigere l'orchestra al teatro londinese; un vecchio teatro centenario edificato in pietra viva semi abbattuto dalle mostruosità belliche del 1915-1918. Ristrutturato a tempo di record per restituire alla città la giusta dignità per non sprofondare nella stanchezza psicologica che una guerra può preporre. Tra un concerto e l'altro Jacob passava lunghe serate, insieme al fedelissimo amico d'infanzia sempre presente in tutte le situazioni sia di giornate serene, che complicate, Conrad, a sentire della buona musica e tra una chiacchierata ed un drink, si parlava della vita e di donne, scapoloni per scelta. In verità il musicista dedicava quasi tutte le sue composizioni a una donna, Elen, di famiglia nobile e cuore di pietra, che conosceva solo di vista quando si esibiva al teatro, ed ogni volta, alla fine dei suoi concerti, lei svaniva nel nulla. Un giorno Conrad: «Caro amico mio sono passati anni dal liceo, ricordi?» E Jacob: «Si Conrad, forse anche troppi perché possa ricordare tutto di quei tempi lontani belli e immaturi.» «Ora la mia anima cerca soltanto solitudine e compagnia nell'ugual modo.» L'amico: «Domani sera c'è il ballo degli anziani all'accademia di musica ed arte, andiamoci amico mio, ci divertiremo, sarà una serata indimenticabile credimi.» Ma lui

fece un cenno di disappunto col capo appena ondeggiante, restando intanto nel dubbio di chi vuole evadere dal logorio quotidiano. A Londra il 15 dicembre di ogni anno si festeggia l'inizio dell'anno accademico con una festa di gala organizzata dagli anziani che passano , come dice il detto, il testimone ai cadetti. Così i due amici decisero di andare al ballo, ma c'era un inconveniente: mancavano le dame, e senza di esse non avrebbero avuto il permesso di entrare, come la forma richiede. Puntuale come il rintocco di un orologio a mezzogiorno, Conrad ebbe un lampo di genio, nonostante si assumesse la responsabilità della buona riuscita, disse all'amico: «Ascolta, c'è mia cugina Ester che ultimamente ha stretto amicizia con un'anziana dell'accademia, provo a chiamarla, e chissà, con un colpo di fortuna abbiamo le nostre dame, che ne pensi?» Ma lui, coi pensieri rivolti da qualche parte, in un tempo astratto dell'Universo, era lì, fermo, immobile e appoggiatosi con la mano sulla travetta del camino, fissava il grande quadro della sala degli ospiti, che offriva ai suoi occhi il mare e sullo sfondo un imponente veliero a vele spiegate, ma non disse una parola.. Cosa aveva in mente in quell'attimo per lui divino, fermo su quell'immagine quasi vera, cosa tramava quella mente spaventata con occhi malinconici attratti da un arcano gioco di pensieri; forse era la solitudine, o....? Arrivò la sera del 14 giugno, era tutto così assurdo per Jacob che chiuso nel suo mondo non avrebbe mai pensato di partecipare ad un ballo così importante, nonostante fosse consapevole della propria notorietà conquistata con sacrificio. «Una serata senza senso», pensò, sapendo che qualcuno avrebbe bussato alla porta inevitabilmente da un momento all'altro e avrebbe rotto quel silenzio che lo riempiva d'angoscia. Ad un tratto uno squarcio nel cielo fece tremare le sue mani, quel rumore assordante interruppe il silenzio suo nemico. Jacob: «Brutto affare, i tuoni precedono i temporali», ma a consolarlo fu che il ballo da lui fortemente snobbato sarebbe iniziato solo il giorno seguente e diventò così la sua salvezza per uscire da quell'ingannevole silenzio. L'illusione di riemergere da quei cupi silenzi, per una volta, poteva essere una chance che gli avrebbe recato più sicurezza in se stesso. E mentre si accingeva a stappare una buona bottiglia di rosolio, ecco finalmente l'aspettato tocco umano sull'uscio di casa. «Chi sarà?» si domandò con gli occhi sbarrati nel vuoto. Tornato in se, dopo aver sorseggiato dal bicchiere, si avvicinò all'ingresso, tremante e titubante, non era abituato a ricevere ospiti. «Animo su!» Pensò con decisione e aprendo la porta, con sorpresa, vide apparire davanti a se solo l'amico Conrad accompagnato dalla cugina Ester. «Ma prego entrate, preparo subito dei drink.» disse con sorriso. E Conrad: «Ti presento mia cugina Ester, l'amica non è potuta venire questa sera ma ha promesso che domani ci sarà.» «Ester, lui è il mio amico di cui spesso ti ho parlato.» E lei cordiale: «Molto lieta, siete stai gentili ad invitarci al ballo di domani sera.» Finalmente Jacob con più serenità: «Il piacere è tutto mio, ma diamoci anche del tu, le va?» Messa a suo agio la donna rispose: «Sai, mi dispiace che Elen non sia potuta venire stasera.» Al suono di quel nome, Jacob impallidì e si recò di nuovo verso il quadro dei sogni: «Sapete io, un giorno forse lontano, troverò riposo nel mio amato mare, lì dove la profondità degli abissi ha l'ampiezza dell'anima.» E ancora nei suoi pensieri: «Corri pensiero corri, è lei, e non puoi sfuggire alla realtà. E' lei ne sono sicuro...» Preso da una forte e fredda emozione si avvicinò al carrello bar e dopo aver versato un drink andò dagli amici e gli chiese: «Che ne pensate se metto un po di buona musica? Ballate pure se volete, io rimarrò seduto su quella poltrona vicino il camino a gustarmi un ottimo tabacco irlandese.» «Ottima idea» disse Conrad. «Però dopo mi dai il cambio, abbiamo solo una dama questa sera» Sorridendo e dopo aver condiviso con un cenno di approvazione l'idea del cambio Jacob prese posto sulla poltrona. Allungò il braccio per prendere il tabacco sulla travetta del camino e mentre si apprestava a caricare lo strumento del vizio, fissando con estrema serenità la legna nel camino prender fuoco, volò così nei suoi sogni proibiti. «Elen, che strano tipo, ti guarda e sembra appassionarsi di musica e dopo si mostra che da dentro l'anima ti critica.» «Ah com'è strana la vita, oggi credi di sapere tutto sulle donne e invece ti accorgi che non hai imparato proprio nulla!» «Eppure in quegli occhi ci vedo qualcosa che non riesco a spiegarmi, è come un incantesimo che fugge via lontano, e che attrae tutto ciò che la circonda.» «Eh caro mio non è che per caso sei tu la vittima della situazione?» «Mah, domani sarà una sorpresa per me, ma di che colore?!» Conosceva molto bene se stesso, tumido, introverso, ma non si rendeva conto che lo stress del lavoro, e lui il proprio lavoro lo prendeva sul serio eccome, non gli avrebbe portato che apatia e asocialità. Il liceo, il conservatorio, gli avanzamenti di carriera, che erano il suo forte, e non si accorgeva che tutto ciò che gli era attorno, ogni giorno che passava, un pezzo di vita perdeva. Era diventato uno strumento per il divertimento del pubblico, ma solo su quei palcoscenici si sentiva vivo, prendeva la sua normale forma caratteriale di essere umano, ignaro invece della pura realtà, era misterioso e trasparente nello stesso tempo, proprio una presenza assente in un mondo per lui quasi inesistente. Solo e soltanto musica, nient'altro che musica. Le difficoltà economiche in quei tempi erano tante e se non indovinavi la partita artistica di successo, rimaneva soltanto povertà. Ma il grande musicista cadeva e si rialzava con innovazioni oserei dire diaboliche, che davano subito un volto ad una tela mai dipinta, un genio della musica a dir poco. L'unico divertimento che possedeva era strimpellare il suo violino del conservatorio, dopo pranzo accompagnato da un buon cherry. Non dimentichiamo Conrad, con lui passava delle divertenti serate ma che spesso finivano esageratamente in una bottiglia vuota…continua…

INDICE

Poesie

I. Vento di morte----------------------12
II. Eco d'amore------------------------13
III. Il tetto del mondo------------------15
IV. Ultima ora--------------------------17
V. Se ti ricorderai di me---------------19
VI. Ultimo atto-------------------------20
VII. Terra amara------------------------22
VIII. E' tardi-----------------------------23
IX. Il destino del male-----------------25
X. Il giorno che tornerà---------------27
XI. La fine del passato-----------------29
XII. Il risveglio dalla guerra------------31
XIII. Il canto dell'aquila-----------------33
XIV. Lacrime----------------------------35
XV. L'essenza assente------------------36
XVI. La vita che non c'è-----------------37
XVII. Mai più guerra----------------------38
XVIII. La mia Africa----------------------39
XIX. Oro nero---------------------------41

XX.	L'immortalità	42
XXI.	Amore folle	43
XXII.	Gemito di un sogno	44
XXIII.	Annullamento	45
XXIV.	Messaggio al futuro	46
XXV.	Potenza d'amore	48
XXVI.	Amore	50
XXVII.	Ritorno	51
XXVIII.	Soste spirituali	52
XXIX.	C'era un mondo	53
XXX.	Il non mortale	54
XXXI.	Speranza	55
XXXII.	La forza dell'amore	56
XXXIII.	Compleanno del tempo	57
XXXIV.	Zona attiva	58
XXXV.	Il me Universo	59
XXXVI.	Stella morente	60
XXXVII.	Stella nascente	62
XXXVIII.	Materializzazione	63
XXXIX.	Io…vita	64
XL.	Tormento	66
XLI.	La valle del pensiero	68
XLII.	Il mulino Marte	70
XLIII.	La sfera buia	72
XLIV.	E' già domani	74
XLV.	Deserto nel silenzio	75
XLVI.	Il pozzo	76

XLVII. Parole------77
XLVIII. La collina e il lupo------78
XLIX. Oh Patria------79
L. L'inspiegabile------80
LI. Cirro------81
LII. Il male------82
LIII. Il non nulla------84
LIV. La formica------85
LV. Auschwitz------86

Acrostici------**87**

I. Il filo conduttore
II. Fiat------88
III. Italia
IV. Guerra
V. Famiglia------89
VI. Poesia------90

Aforismi------91

Haiku------94

Racconti

I. Presenze-----------------------------98
II. I racconti del faro-------------------102

www.ingramcontent.com/pod-product-compliance
Lightning Source LLC
Chambersburg PA
CBHW061450040426
42450CB00007B/1292